AF336308

LES
BLESSÉS DE FÉVRIER

PAR

AUG. NOUGARÈDE DE FAYET

25 novembre 1849

PARIS : AMYOT, RUE DE LA PAIX

LES BLESSÉS DE FÉVRIER.

Une double interpellation a été adressée au ministère relativement aux combattants et aux blessés de
février : la première par M. Crémieux; la seconde
par M. Ségur-d'Aguesseau; ce dernier, rappelant
qu'il y avait eu aussi dans les journées de février des
soldats et des gardes municipaux tués ou blessés, a
demandé si le gouvernement ne se proposait pas de
faire quelque chose en leur faveur.

Ayant pris sur les événements de cette époque des
renseignements historiques détaillés, nous avons cru
pouvoir présenter sur cette double question quelques
documents et observations.

Nous commencerons par les combattants et blessés
de M. Crémieux, et d'abord nous rappellerons ce qui
s'est passé, depuis dix-huit mois, au sujet des récompenses à leur accorder.

Dès les premiers jours qui suivirent la révolution,
le citoyen Albert fut chargé de composer une commission pour distribuer les récompenses; le 2 mai,
cette mission lui fut retirée par un décret et trans-
férée à M. Marrast, maire de Paris. En conséquence
du décret, M. Marrast institua trois comités, réunis
sous sa présidence en commission générale, et qui
devaient s'occuper: le premier, des blessés de février;
le second, des combattants de février; le troisième,
des hommes qui, antérieurement à la révolution,
avaient souffert pour la cause républicaine.

7204 demandes étaient déjà formées et se trouvèrent soumises à l'appréciation des comités; au mois de septembre suivant, 5000 seulement de ces demandes étaient examinées, et néanmoins, sur les instances pressantes des intéressés, M. Sénart, ministre de l'intérieur, sans avoir les états détaillés de la commission, et en prenant uniquement pour base les résumés généraux qui lui étaient fournis, crut devoir présenter à l'Assemblée constituante un projet de loi.

Ce projet contenait :

Pour les blessés de février, 1053 noms;

Pour les combattants de février, 2500 noms;

Pour les condamnés politiques antérieurs à la révolution, 1326 noms.

Il restait à apprécier 1486 dossiers, lesquels devaient donner, suivant toute apparence, encore 600 noms à répartir proportionnellement entre les listes des trois comités.

C'était un total de 4500 noms environ.

D'un autre côté, le montant des souscriptions faites en faveur des blessés de février s'élevaient à 1 369 000 francs, dont 493 000 étaient déjà ordonnancés, et le surplus restait à répartir.

Le projet proposait d'y ajouter d'abord une création de 600 000 francs de rentes destinées à des pensions viagères, et ensuite une somme de un million une fois payé pour des indemnités, frais de transport, trousseaux, équipements, etc.

Une commission fut nommée par l'Assemblée pour examiner ce projet, et son président, M. Baroche, demanda communication des états détaillés qui en avaient formé les premiers éléments; après d'assez longs délais, ces états furent envoyés le 1er décembre à M. Dufaure, devenu ministre de l'intérieur après M. Sénart, et qui les transmit, sans les ouvrir, à la commission de l'Assemblée. Dès la première inspection des listes, un vif sentiment d'indignation s'empara des membres de la commission et passa de là dans le public : on y trouvait en effet des allocations motivées sur des condamnations pour vol et pour assassinat.

Dès le lendemain, M. Dufaure s'empressa de retirer le projet de loi ; ce retrait provoqua, de la part de M. Sénart et d'autres membres de l'Assemblée, dans la séance du 7 décembre, des explications que du reste l'opinion publique se montrait avide de connaître.

Après avoir reproduit les faits que nous venons de raconter, M. Sénart ajouta, qu'indépendamment de la démence qui semblait avoir présidé à la rédaction de ces listes, il résultait de leur forme même que deux seulement des membres de la commission en avaient eu connaissance ; il reprocha toutefois aux personnes qui auraient dû contrôler ce travail de n'avoir pas exercé une surveillance suffisante.

Ces derniers mots s'appliquaient à M. Guinard, devenu, après M. Marrast, président de la commission centrale des récompenses ; M. Guinard monta à la tribune et déclara qu'il récusait de semblables pièces, non revêtues d'ailleurs de sa signature, et qu'il était surpris qu'on eût voulu en faire usage.

M. Vignerte s'écria qu'il fallait voir dans toute cette affaire la main de la réaction qui, pour faire tort à la République, avait mêlé frauduleusement des listes aux états réels de la commission.

M. Dufaure, ministre de l'intérieur, répondit à M. Guinard, qu'en effet les états n'étaient pas signés de lui président, mais qu'ils l'étaient du secrétaire de la commission, M. Rouen, et de l'un des membres, et que, sur son invitation, les trois présidents des comités étaient venus appuyer auprès de lui leur rapport et lui donner des explications.

Il soutint, du reste, que la liste des combattants et celle des blessés de février ne pouvaient donner lieu à aucune difficulté, et que les réclamations portaient uniquement sur les condamnés politiques.

Telle fut la discussion, que nous avons analysée dans toute son étendue, afin de bien faire voir de quelle manière et dans quel esprit le travail des récompenses nationales avait été préparé.

Maintenant, nous sommes loin d'admettre ce qu'a soutenu M. Dufaure, et nous pensons que si les listes de condamnés politiques ne peuvent en effet que soulever l'indignation, celles des combattants et des blessés de février doivent donner lieu à de très-réelles et très-sérieuses contestations.

Les états portent 2500 citoyens qui, non-seulement se sont battus, mais même se sont distingués dans la lutte, et ont par là mérité des récompenses nationales; et de plus 1053 blessés. Or, nous demanderons en quel lieu et à quel moment des trois journées de février ces 2500 citoyens ont pu trouver moyen de se distinguer, en quel lieu et à quel moment ces 1053 blessés ont pu recevoir leurs blessures?

D'après les relevés officiels de l'autorité militaire, il y a eu seulement 69 soldats et 29 gardes municipaux tués ou blessés. Et il est à remarquer, d'abord que ces soldats et ces gardes municipaux sont à peu près les seuls qui aient eu occasion de combattre, et de plus, qu'ils étaient cernés et assaillis de toutes parts et que les hommes qui les attaquaient étaient à l'abri derrière des barricades.

Quelques coups de feu rares et très-peu meurtriers ont été échangés dans les journées du mardi 22 et du mercredi 23; dans la matinée du jeudi 24, ils ont été un peu plus nombreux, mais ils se sont néanmoins bornés à trois points, la place du Palais-Royal, la place de la Concorde et la place de l'Hôtel de Ville; nous examinerons successivement ce qui s'est passé sur ces trois points.

Et d'abord sur la place du Palais-Royal.

Vers onze heures du matin, une colonne d'hommes armés, venue du haut de la rue Saint-Honoré, arriva au coin de la place du Palais-Royal et de la rue de Valois; une barricade y était construite; on somma l'officier qui occupait, avec une compagnie du 14° de ligne, le poste du Château-d'Eau, de déposer et de livrer ses armes; l'ordre était donné, lui dit-on, de cesser toute résistance; l'officier répondit qu'il ne pouvait déposer ses armes que sur un ordre spécial de l'autorité militaire; à ce moment, le général Lamoricière se trouvait dans la rue de Richelieu; instruit de ce qui se passait, et afin de prévenir une collision, il chargea un officier d'état-major de la garde nationale de faire relever le poste de troupe de ligne par des gardes nationaux. Cet officier ne put accomplir sa mission, et bientôt commença un échange de coups de fusil; averti par le bruit, le général Lamoricière accourut et pénétra à plusieurs reprises sur la place; mais, vêtu d'un uniforme incomplet et d'emprunt, il ne put se faire écouter ni même se faire reconnaître, et il finit par être blessé et renversé de son cheval. Le général Perrot qui fit, pour arrêter le feu, les mêmes tentatives, éprouva le même sort, et tous deux se retrouvèrent dans un cabaret du coin de la place où ils avaient été contraints de chercher un refuge. Les munitions du poste s'épuisèrent; des matières combustibles ayant été assemblées près de la porte, on y mit le feu, et bientôt les soldats mis à découvert n'eurent plus d'autre ressource que de s'enfuir. Presque tous furent protégés et sauvés dans leur fuite; mais quelques-uns, néanmoins, furent impitoyablement massacrés; un officier qu'on crut être le commandant et auquel on reprochait sa vigoureuse résistance, reçut dix-sept blessures, et comme il était gisant sur le pavé, un des assaillants lui donna sur la figure un coup de talon de botte qui lui fit sortir un œil.

Venons à la place de la Concorde.

A dix heures du matin, le général Bedeau, suivi de ses troupes à peu près envahies par le peuple, déboucha de la rue Royale, et fit ranger devant la colonnade du côté des Champs-Élysées, les gardes nationaux et les chasseurs de Vincennes qui formaient la tête de sa colonne. En le voyant, le sergent Fouquet, qui occupait, avec vingt-six gardes municipaux, le poste du coin de la place dit de Perronnet, s'avança à quelques pas avec ses hommes l'arme au bras. En même temps arrivait par la rue des Champs-Élysées une masse de peuple portant toute espèce d'armes : le général Bedeau, craignant l'animosité de ce peuple contre les gardes municipaux, envoya aussitôt son aide de camp, M. Espivant, dire au sergent que l'ordre était donné partout de cesser le feu, et qu'il eût à déposer ses armes. Le sergent répondit qu'il ne se refusait pas à déposer ses armes, mais qu'il fallait alors faire avancer des troupes pour protéger ses soldats, car sans cela ils allaient être massacrés; comme M. Espivant hésitait sur ce qu'il y avait à faire, un coup de pistolet et un coup de fusil furent tirés sur les gardes municipaux, qui ripostèrent par plusieurs coups de fusil; M. Espivant leur cria : « Rentrez dans votre poste, il ne vous sera rien fait. » Ils rentrèrent en effet, et se barricadèrent. Le général Bedeau accourut, sa casquette à la main, en signe de pacification, mais tous ses efforts ne purent empêcher que le poste ne fût assailli avec des barres de fer, des pinces et toutes sortes d'armes; on alla chercher de la paille à l'hôtel de la Reynière, et on mit le feu à la porte; des individus montèrent sur le toit pour le découvrir; les gardes municipaux essayèrent de résister, et le général Bedeau se trouva entre deux feux, très-exposé et s'exposant volontairement de sa personne : dans la crainte d'engager une collision générale, il ne crut pas devoir faire avancer des troupes pour arrêter la lutte. Enfin, le poste étant ouvert de toutes parts, les gardes municipaux, se voyant sans ressources, jetèrent leurs habits et essayèrent de se sauver; les assaillants les poursuivirent à coups de hache et de sabre, et pendant qu'ils couraient blessés et tout sanglants dans toutes les directions, ils en massacrèrent trois, dont l'un dans les bras même du général Bedeau ; quelques-uns furent recueillis dans les hôtels de la colonnade, d'autres dans les rangs des cavaliers stationnés sur la place, et qui tuèrent même de leurs pistolets et de leurs sabres trois des assaillants plus acharnés que les autres. Un seul, sur vingt-six, put s'échapper sans aucune blessure. Le sergent Fouquet, atteint lui-même de plusieurs coups de masse et de hache, alla vers le Pont-Tournant; afin de le dégager des quatre individus qui étaient à sa suite et qui étaient près de l'atteindre, l'officier commandant le poste du Pont-Tournant, fit tirer sur eux : ce fut cette décharge qui tua M. Jollivet et qui blessa M. de Calvière et quelques autres personnes, soldats et citoyens.

Venons enfin à la place de l'Hôtel de Ville : huit cents gardes municipaux avaient occupé le jeudi matin la cour de la Préfecture de police ; dans l'après-midi, le roi étant parti et toute résistance étant devenue inutile, on parlementa, et il fut convenu que ces gardes municipaux remettraient leurs armes et se rendraient à leurs casernes; la plupart brisèrent leurs fusils ne pouvant pas se décider à les livrer. Ils se mirent en route pleins de désespoir, ayant à leur tête le général de Saint-Arnaud et quelques-uns de leurs officiers à cheval. La garde nationale les accompagnait et s'efforçait de les protéger. Ceux d'entre eux qui appartenaient à la caserne du Petit-Musc dans le faubourg Saint-Antoine, arrivés au coin de la place de l'Hôtel de Ville, s'apprêtèrent à franchir la barricade qu'on y avait élevée. A ce moment, une décharge les accueillit presque à bout portant et en renversa plusieurs. Les autres cherchèrent un refuge dans les maisons voisines où on les reçut en effet, mais tous ne purent échapper à la mort.

Dans les jours qui suivirent la révolution, des blessés furent placés dans le palais des Tuileries, que leur présence contribua à sauver des dévastations qui restaient encore à commettre. Nous avons visité nous-même ces blessés à plusieurs reprises; il y en avait qui s'étaient battus réellement et qui en portaient les marques, mais beaucoup d'autres n'avaient pris aucune part au peu de combats qui avaient eu lieu; il en était même qui n'avaient pas craint de se présenter avec des maladies anciennes et chroniques, qu'ils déclaraient, et qu'ils nous ont déclaré à nous-mêmes, avoir contractées dans la fatigue des trois journées. Les véritables blessés s'indignaient de voir ces usurpateurs de leur nom établis près d'eux, traités de la même manière et appelés sans doute aux mêmes récompenses sur lesquelles ils comptaient.

Et s'il en était ainsi pour les blessés officiels soignés dans le palais des Tuileries, combien, à plus forte raison, ne devait-il pas être facile à une foule de gens, placés en dehors de tout contrôle et de toute surveillance, d'alléguer de prétendues blessures qui n'avaient pas même l'apparence de la réalité.

Ainsi, en résumé, d'une part, il est impossible de s'en rapporter à des listes dressées comme on vient de le voir, des listes dont M. Guinard a désavoué la rédaction comme honteuse pour lui, et qu'on n'avait pas même osé lui soumettre; et si ce n'est pas encore assez, qu'on se rappelle les nombreux procès d'escroquerie auxquels ont déjà donné lieu à diverses reprises ces allocations de récompenses nationales.

D'un autre côté, le nombre des combattants et des blessés portés sur ces listes est évidemment exagéré.

Dès lors une nouvelle liste et une nouvelle enquête sont nécessaires.

Il est, et nous nous empressons de le reconnaître, des hommes qui dans la révolution de 1848 ont, par véritable patriotisme et par zèle pour la chose publique, exposé noblement leur vie et reçu des blessures ; mais il en est aussi qui, comme on l'a vu, ont tenu une conduite indigne du nom français, et dont la France aurait à rougir si, par bonheur, ils n'étaient en aussi petit nombre. Un temps viendra, nous l'espérons, où, faisant entre ces hommes une juste distinction, l'histoire saura flétrir les égorgeurs de février comme elle a flétri les égorgeurs des 2 et 3 septembre 1792.

On avait pu donner aux journées de juillet 1830 le nom de glorieuses, bien que cette dénomination ne semble guère convenir à des combats entre citoyens, parce qu'alors du moins il y avait eu lutte ; en 1848 il n'en a pas été de même : la royauté a succombé, non pour avoir été attaquée mais pour n'avoir pas été défendue, et le seul mérite qu'on ait pu trouver aux hommes de quelque importance qui ont pris part à la révolution de février a été de sauver du massacre quelques hommes désarmés.

Cette dernière observation nous ramène naturellement à la question qu'a soulevée M. Ségur-d'Aguesseau, celle des gardes municipaux tués ou blessés.

Laissons pour un instant la France et nos discordes civiles : Un corps militaire a été institué, composé de soldats d'élite, d'hommes n'ayant jamais encouru la moindre peine disciplinaire ; il a été chargé de maintenir l'ordre dans une grande cité : il a su concilier la rigidité du devoir avec une mission toute pacifique, et la troupe la plus énergique au combat a été en même temps la plus calme et la plus modérée.

Puis un jour est venu où des masses se sont émues dans cette grande cité : redoutant naturellement l'ascendant et la répression de cette troupe d'élite, on a cherché à la dépopulariser : on a crié *à bas les gardes municipaux !* on lui a même jeté des pierres, et ni les cris, ni les insultes n'ont pu la faire sortir de son calme et de sa modération.

Les circonstances étant devenues plus graves, cette troupe, dans tous les lieux où la résistance était encore possible, a défendu jusqu'à la fin les postes qui lui avaient été confiés ; là où la résistance était inutile et n'aurait fait qu'amener l'effusion du sang, elle a rendu ou du moins elle a brisé ses armes.

Et cependant, au premier moment, on a voulu la massacrer, et maintenant on refuse de reconnaître une si noble conduite, et c'est en France que se passent de pareils faits !

Les montagnards ne veulent récompenser que les hommes qui ont attaqué le gouvernement de juillet, et cela se conçoit : c'est la conséquence de leur manière d'agir et de leur position actuelle : après la révolution de février, après ce qu'il leur a plu d'appeler leur victoire, maîtres du pouvoir, ils tenaient à ce que l'autorité fût puissante et respectée, et l'on peut s'en rapporter à M. Caussidière pour avoir donné à ses agents les ordres les plus énergiques et les plus sévères ; maintenant qu'après de longs et pénibles efforts le pouvoir a été arraché de leurs mains, ils reviennent à leurs anciennes idées, ils veulent honorer de nouveau les attaques contre le gouvernement établi, ils veulent consacrer de nouveau dans toute son étendue le droit d'insurrection.

Si, ce qu'à Dieu ne plaise, le gouvernement actuel avait la faiblesse de les suivre dans cette voie, il faudrait qu'il allât plus loin, il faudrait qu'il mît à l'ordre du jour de l'armée que toutes les fois que des soldats seront attaqués par un ou plusieurs hommes en blouse, ils devront immédiatement poser les armes. Les engager à se défendre, pour ensuite les abandonner et méconnaître leur conduite, ce serait manquer à la foi qui leur est due, ce serait agir avec eux en trahison.

Que l'on respecte, que l'on consacre les faits accomplis, rien de mieux, que l'on traite avec faveur les hommes qui, devinant que la République serait établie, l'ont servie à l'avance, qu'on leur tienne compte de leur abnégation et de leur dévouement ; mais qu'on ne mette pas non plus en oubli les services contraires ; il y a quelque chose qui domine toutes les formes possibles de gouvernement, c'est le pays : quiconque remplit avec fidélité le devoir public qui lui est imposé, quiconque se dévoue à son pays a droit à sa reconnaissance, et si la République veut mériter son nom de chose publique, il faut qu'elle se mette au-dessus de toutes les préférences et de toutes les passions de parti. On sait au surplus que les hommes qui parlent tant de la nation la voient uniquement dans eux-mêmes et dans le petit nombre de leurs adhérents, et que le reste ne compte pas pour eux.

Quelques mots encore de deux autres classes de blessés dont personne n'a parlé.

La première est celle des hommes qui, maîtres des Tuileries, du Palais-Royal, du château de Neuilly, ivres de vin et de clameurs, ont fini par se tirer des coups de fusil les uns aux autres ; nous nous demandons si ces blessés ont été compris dans les listes des récompenses nationales.

La seconde est celle des blessés du ministère des affaires étrangères.

Ainsi qu'on le sait, le mercredi 22 février, le roi Louis-Philippe, ayant en horreur le sang et les mesures violentes de répression, était entré, malgré sa conviction profonde, dans la voie de la condescendance ; il avait consenti à se séparer du ministère Guizot. A cette nouvelle, la joie s'était répandue dans Paris, et, pendant le cours de la soirée, les boulevards et une partie des rues adjacentes avaient été illuminés.

A ce moment, une troupe armée de fusils, de sabres et de pistolets, et portant des torches à la main, descendit le boulevard, se dirigeant du côté de la Madeleine. M. Lagrange, dit M. de Lamartine dans son

Histoire, était à la tête de cette troupe ; arrivés près des soldats rangés devant le ministère des affaires étrangères, on commença à les harceler; on leur adressa des propos outrageants, on passa les torches près de leurs figures; un coup de feu, parti soit du côté du peuple, soit des rangs des soldats poussés à bout par ces insultes, fut aussitôt suivi d'une décharge générale de ces derniers ; cette décharge frappa presque à bout portant un grand nombre de citoyens paisibles, stationnés sur la chaussée sous la garantie de la foi publique, et qui tombèrent de toutes parts blessés ou tués.

Il nous semble juste de tenir compte de ces blessés du boulevard des Capucines ainsi que des familles de ceux qui ont succombé ; il nous semble que si M. Lagrange et ses amis sont appelés à recevoir des récompenses, soit honorifiques, soit pécuniaires, pour leur conduite dans les journées de la révolution, les victimes de cette révolution ont droit aussi, non pas à des récompenses mais du moins à des indemnités, et la République ne peut pas moins faire que de se montrer généreuse envers ceux qui ont payé de leur sang son établissement.

A LA MÊME LIBRAIRIE.

DU MÊME AUTEUR.

DU SOCIALISME ET DES ASSOCIATIONS ENTRE OUVRIERS. Mesures à prendre à l'égard des ouvriers. Brochure............... 10 c.

QUESTIONS ÉCONOMIQUES ET SOCIALES. Brochure......... 5 c.

LETTRES SUR L'ANGLETERRE ET SUR LA FRANCE, 4 vol. in-8, brochés .... 20 fr.

RECHERCHES HISTORIQUES SUR LE PROCÈS ET LA CONDAMNATION DU DUC D'ENGHIEN, 2 vol. in-8...................... 10 fr.

DES ANCIENS PEUPLES DE L'EUROPE ET DE LEURS PREMIÈRES MIGRATIONS, *avec cartes de géographie* ancienne et moderne, 1 vol. in 8... 5 fr.

DU DUEL, sous le rapport de la législation et des mœurs, suivi de l'Ordonnance de Louis XIV, en 1651, du Réquisitoire de M. Dupin, et de l'Arrêt de la Cour de cassation du 22 juillet 1837; 1 vol. in-8. 50 c.

NOUVELLE BASE D'UNE THÉORIE PHYSIQUE ET CHIMIQUE. Constitution intime des corps. Réunion en un même agent de l'électricité, de la lumière et de la chaleur, in-8 .... 1 fr.

NOTIONS GÉNÉRALES SUR LES SCIENCES MATHÉMATIQUES ET PHYSIQUES, mises à portée des gens du monde, *avec figures dans le texte*, 1 vol. grand in-8....................... 1 fr.

ESSAI SUR LA CONSTITUTION ROMAINE; in-8............. 5 fr.

DE LA CENTRALISATION, ses règles, son emploi, ses avantages. 50 c.

RÉVISION DE LA CONSTITUTION, in-8.................... 50 c.

DE L'IMPRIMERIE DE CRAPELET, RUE DE VAUGIRARD, 9.